CPS-Morrill ES

3245712100032 1

Biskup, Agnieszka   GN SP 363.73 BIS
Comprender el calentamiento global . . .

DATE DUE

GN   BC#32457121000321 $22.49
SP   Biskup, Agnieszka
363.73   Comprender el calentamiento
BIS   global . . .

Morrill ES
Chicago Public Schools
6011 S. Rockwell St.
Chicago, IL 60629

GRAPHIC
LIBRARY ®

en español

CIENCIA GRÁFICA

COMPRENDER EL CALENTAMIENTO GLOBAL

CON MAXAXIOM ®

SUPERCIENTÍFICO

por Agnieszka Biskup

ilustrado por Cynthia Martin y Bill Anderson

Consultor:

Joseph M. Moran, PhD

Director Asociado, Programa de Educación

American Meteorological Society, Washington, D.C.

CAPSTONE PRESS

a capstone imprint

Graphic Library is published by Capstone Press,
1710 Roe Crest Drive, Norh Mankato, Minnesota 56003
www.capstonepub.com

Library of Congress Cataloging-in-Publication Data
Biskup, Agnieszka.
[Understanding global warming with Max Axiom, super scientist. Spanish]
Comprender el calentamiento global con max axiom, supercientífico / por Agnieszka Biskup
; ilustrado por Cynthia Martin y Bill Anderson.
p. cm.—(Capstone press, graphic library en espanol: ciencia gráfica)
Includes index.
ISBN 978-1-4296-9235-9 (library binding)
ISBN 978-1-4296-9396-7 (paperback)
ISBN 978-1-62065-272-5 (ebook PDF)
1. Global warming—Comic books, strips, etc.—Juvenile literature. I. Martin, Cynthia, 1961-
ill. II. Anderson, Bill, 1963- ill. III. Title.
QC981.8.G56B52518 2013
363.738'74—dc23   2011051340

Summary: In graphic novel format, follows the adventures of Max Axiom as he explains the
science behind global warming.

Art Director and Designer
Bob Lentz

Bilingual Book Designer
Eric Manske

Cover Artist
Tod Smith

Colorist
Krista Ward

Editor
Christopher L. Harbo

Translation Services
Strictly Spanish

Photo illustration credits: NASA, 15; Shutterstock/Margaud, 21

Printed in the United States of America in Stevens Point, Wisconsin.
122012   007083R

TABLA DE CONTENIDOS

Observemos en más detalle cómo funciona el efecto invernadero.

Nuestra atmósfera permite que los rayos del Sol calienten la superficie de la Tierra.

El calor de la Tierra es radiado al espacio.

LUZ SOLAR

CALOR RADIADO

CALOR RADIADO

Pero parte de ese calor también es absorbido por los gases de invernadero y radiado de vuelta a la Tierra. Sin el efecto invernadero, la Tierra sería demasiado fría para la mayoría de las formas de vida.

LUNA CALIENTE Y FRÍA

La Luna no tiene atmósfera. Su ecuador tiene una temperatura abrasadora de 260 grados Fahrenheit (127 grados Celsius) durante la luz del día. En la oscuridad, la temperatura baja a unos frígidos 280 grados Fahrenheit bajo cero (173 grados Celsius bajo cero).

Pero la cantidad de ciertos gases, especialmente dióxido de carbono, ha estado aumentando. Mayor cantidad de gases de invernadero significa que más calor está siendo radiado de vuelta a la Tierra. El resultado es un planeta más caliente.

CALOR RADIADO

Los científicos creen que las actividades humanas son la razón por la cual hay más dióxido de carbono en el aire.

HIBRIDO

Las emisiones de los autos, por ejemplo, contienen dióxido de carbono. Cien años atrás muy pocos autos viajaban por nuestras rutas.

Hoy, los vehículos obstruyen nuestras carreteras y liberan toneladas de dióxido de carbono al aire cada día.

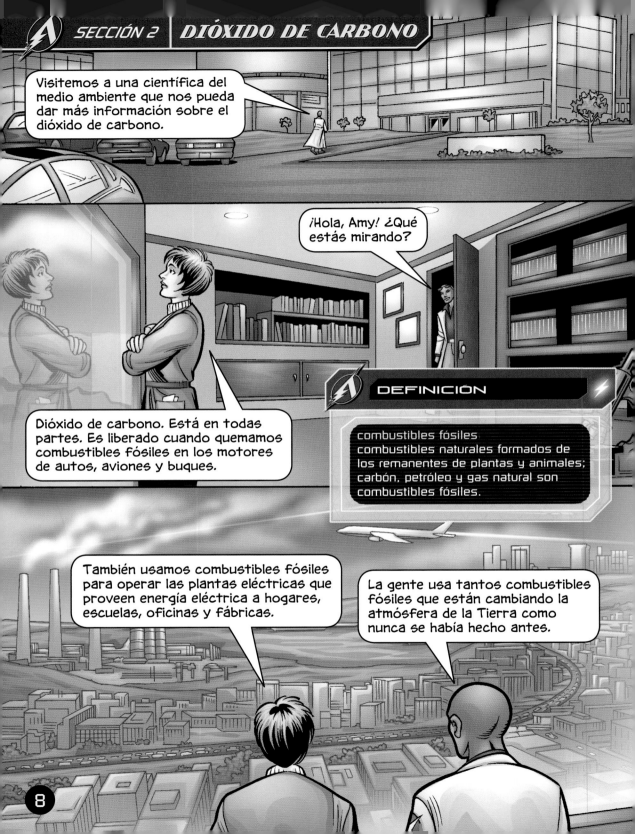

Los árboles, las plantas y hasta los océanos ayudan a quitar el dióxido de carbono de la atmósfera.

Pero en muchos lugares, como en los bosques tropicales de América del Sur, la gente está cortando los bosques para convertirlos en granjas.

DEFINICIÓN

deforestación
la destrucción de los bosques cortando o quemando los árboles

Los árboles que se han quemado o que se dejan a descomponer liberan dióxido de carbono al aire.

Como estos árboles muertos no pueden absorber más el dióxido de carbono, aumenta la acumulación de gases de invernadero.

Los expertos usan programas de computación para predecir de qué manera los gases de invernadero podrían cambiar a la Tierra en el futuro.

Se predice que la temperatura promedio global aumentará de 2 a 10 grados Fahrenheit, o de 1.1 a 5.6 grados Celsius, para el 2100. Este calentamiento podría resultar en cambios fundamentales para el planeta.

Por ejemplo, a los científicos les preocupa el efecto que tendrá el calentamiento global sobre el tiempo y clima de la Tierra.

Tiempo describe el estado actual de la atmósfera, como soleado y cálido . . .

. . . o frío, lluvioso y ventoso.

Vamos a visitar a un meteorólogo que estudia cómo el calentamiento global cambia los patrones climáticos de la Tierra.

Oye, Jack. ¿El mundo se está volviendo más caliente?

Bueno, Max, la década de 1990 fue la más calurosa que se haya registrado. Muchas ciudades rompieron récords de calor.

Y parece que las olas de calor se han vuelto más comunes y duran más.

De hecho, el calentamiento global puede causar tiempo más severo en general. Mientras las aguas oceánicas se vuelven más calientes, los huracanes podrían volverse más intensos.

Algunos científicos predicen que los huracanes podrían empezar a ser más frecuentes.

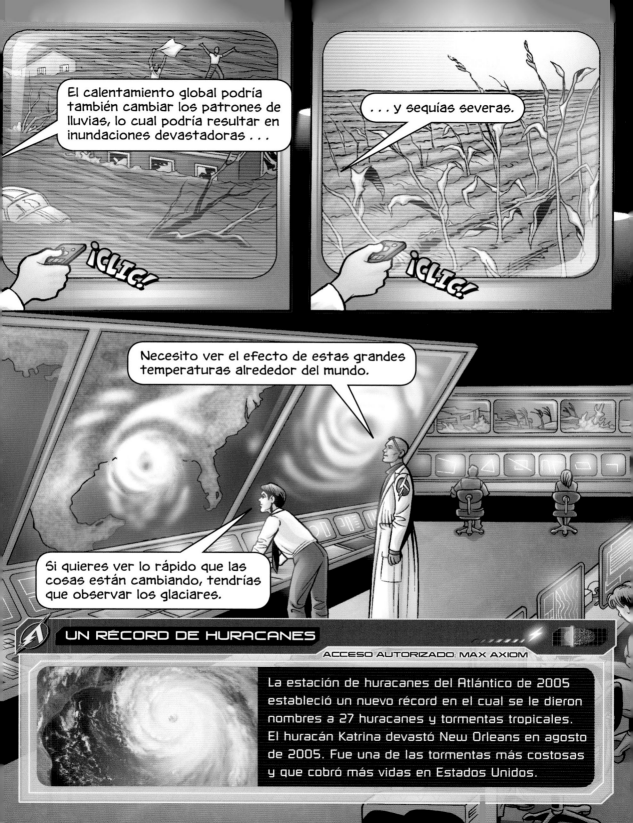

Los glaciares son masas de hielo y nieve que se mueven lentamente.
Nos muestran el impacto del calentamiento global porque a medida que el mundo se calienta, los glaciares se van derritiendo.
En este momento, las temperaturas más cálidas están derritiendo casi todas la montañas glaciares del mundo.
Hace 150 años, el gigantesco Glaciar Rhone llenaba el valle de esa montaña en los Alpes suizos.
Hoy, el glaciar prácticamente no se ve.

Pero las montañas glaciares y los casquetes polares no son las únicas grandes masas de hielo afectadas por el calentamiento global.

Debajo de mí, la enorme placa de hielo de Groenlandia también se está derritiendo más rápido de lo esperado.

Si llegara a derretirse completamente, los niveles del mar alrededor del mundo podrían elevarse 20 pies, o 6 metros. Las ciudades costeras y las islas naciones podrían quedar bajo el agua. Millones de personas tendrían que abandonar sus hogares.

COSTAS EN LA ACTUALIDAD

FLORIDA

SUDESTE ASIÁTICO

COSTAS SI LA MASA DE HIELO DE GROENLANDIA SE DERRITIERA

FLORIDA

SUDESTE ASIÁTICO

Pero el calentamiento global no afecta solo a los humanos. También cambia los hábitats de las plantas y animales.

De hecho, muchas especies tendrán dificultad para sobrevivir en las regiones en las que hoy viven.

El calentamiento global cambia los hábitats más rápido de lo que las plantas y animales pueden adaptarse.

Por ejemplo, los osos polares podrían extinguirse si las temperaturas continúan elevándose. Sus territorios de cacería se reducen más a medida que el hielo ártico se derrite.

Las plantas pueden ser las más vulnerables al aumento de temperatura. No pueden moverse a otros hábitats como los animales.

Por ejemplo, los colores otoñales de los arces azucareros del noreste de Estados Unidos podrían ser cosa del pasado.

Estos hermosos árboles necesitan temperaturas más frías para sobrevivir. Morirán a medida que el calentamiento global cree veranos más largos y cálidos en esta región.

IMPACTO EN LA AGRICULTURA

ACCESO AUTORIZADO: MAX AXIOM

El calentamiento global puede beneficiar a algunas regiones más frías como Canadá y Rusia, creando una estación más larga para sembrar cultivos. Al mismo tiempo, la elevación de las temperaturas y las sequías pueden destruir los cultivos en las regiones más cálidas del sur.

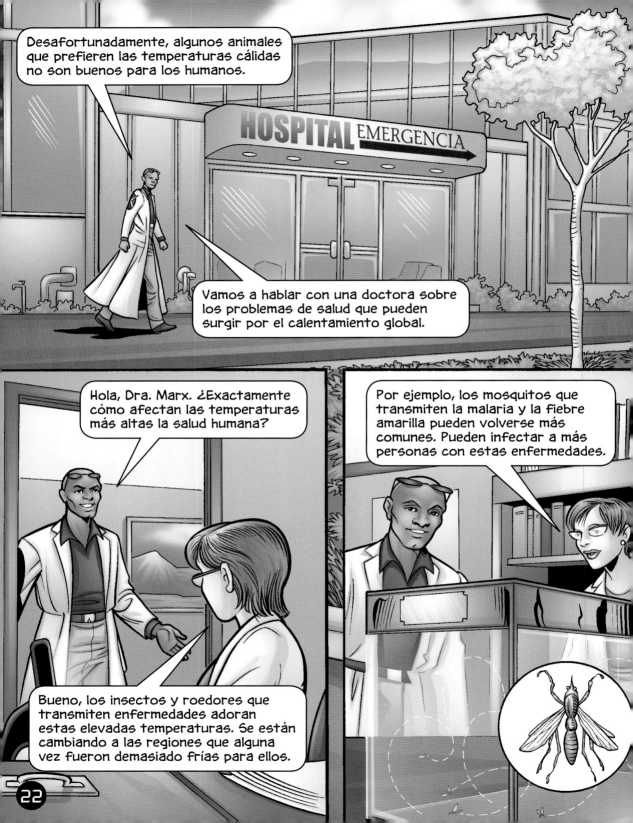

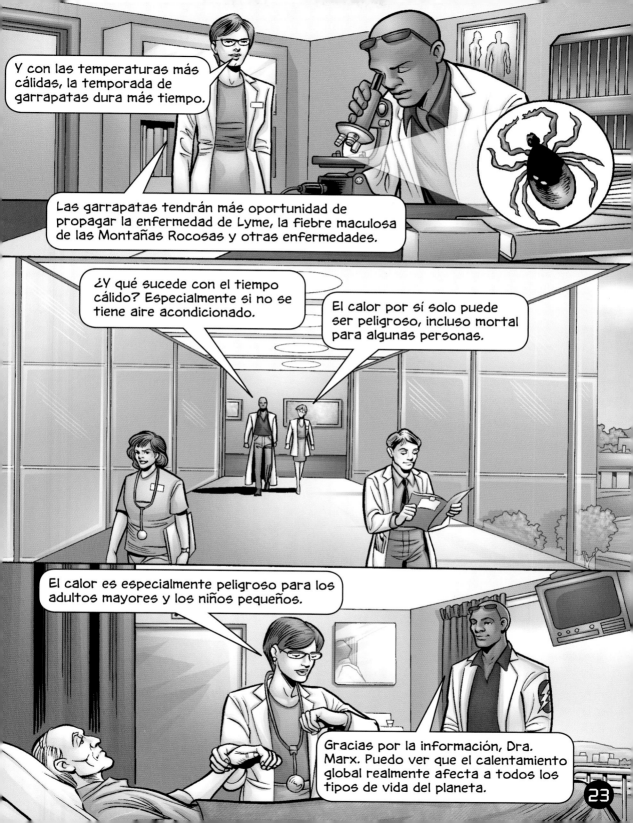

El calentamiento global es un problema serio, pero podemos encontrar soluciones para nuestros problemas medioambientales.

Por ejemplo, durante muchos años, los gases llamados clorofluorocarbonos, o CFC, se usaron como refrigerantes en los congeladores y aires acondicionados.

En la década de 1980, los científicos descubrieron que los CFC estaban adelgazando la capa de ozono de la atmósfera de la Tierra.

ADELGAZAMIENTO DE LA CAPA DE OZONO

Como la capa de ozono ayuda a bloquear los rayos ultravioleta dañinos del Sol, las personas colaboraron para protegerla.

Para la década de 1990, muchos países acordaron dejar de usar CFC. Los científicos esperan que la capa de ozono se recupere alrededor del año 2065.

CALENTAMIENTO GLOBAL

 Venus es el planeta más caliente del sistema solar. Muchos astrónomos creen que su calor se debe a un efecto invernadero masivo. El dióxido de carbono conforma un impresionante 97 por ciento de la atmósfera de Venus. Las espesas nubes y densa atmósfera del planeta ayudan a atrapar el calor del Sol, haciendo que la temperatura de la superficie de Venus sea de 870 grados Fahrenheit (466 grados Centígrados). ¡Es tan caliente que puede derretir plomo!

 Después del dióxido de carbono, el metano es el gas de invernadero que más producen los humanos. El metano es liberado por los rellenos sanitarios y es un derivado de la minería de carbón. Aunque no lo creas, las vacas también son una fuente de metano. Cuando las vacas eructan o emiten flatulencias, liberan metano. A medida que aumenta la demanda de carne, se criará más ganado y se liberará más metano a la atmósfera.

Estados Unidos produce más contaminación de gases de invernadero que cualquier otro país del mundo.

Los huracanes tienen nombres diferentes dependiendo de la parte del mundo donde ocurren. Si aparecen en el Océano Pacífico, se les llama tifones. Cuando se forman sobre el Océano Índico, se llaman ciclones tropicales.

El gas ozono puede ser bueno o malo, dependiendo de la parte de la atmósfera donde se encuentre. La capa de ozono de 10 a 30 millas (16 a 48 kilómetros) de altura trabaja como escudo para proteger a los seres vivos de la Tierra de la peligrosa radiación ultravioleta del Sol. Esta radiación puede causar cáncer de piel en los seres humanos. Más cerca de la superficie de la Tierra, el ozono que está a nivel del suelo es un peligro para la salud, daña los pulmones y afecta a las plantas.

El hielo del Océano Ártico también se está derritiendo rápidamente. Como la nieve y el hielo son blancos, el hielo del mar funciona como un espejo gigante, reflejando la mayoría de los rayos solares. Sin embargo, a medida que aumenta la temperatura global, parte de este hielo se derrite. Este derretimiento revela el agua del océano que está debajo. Como el agua es más oscura que el hielo, absorbe más la energía del sol y se calienta. El agua más cálida conduce a un mayor derretimiento del hielo del mar, lo que causa que se revele más agua. El ciclo se repite una y otra vez.

Probablemente has visto automóviles híbridos en las calles o en la televisión. Quizá incluso tu familia tenga uno. Los automóviles híbridos funcionan con gasolina y electricidad. Gracias a que no usan tanta gasolina como los automóviles normales, producen menos contaminación.

MÁS SOBRE

SUPERCIENTÍFICO

Nombre real: Maxwell J. Axiom
Ciudad natal: Seattle, Washington
Estatura: 6' 1"   **Peso:** 192 lbs
Ojos: Marrón   **Cabello:** No Tiene

Supercapacidades: Superinteligencia; capaz de encogerse al tamaño de un átomo; los anteojos le dan visión de rayos X; la bata de laboratorio le permite viajar a través del tiempo y el espacio.

Origen: Desde su nacimiento, Max Axiom parecía destinado a la grandeza. Su madre, una bióloga marina, le enseñó a su hijo sobre los misterios del mar. Su padre, un físico nuclear y guardabosques voluntario, le enseñó a Max sobre las maravillas de la Tierra y el cielo.

Un día durante una caminata en áreas silvestres, un rayo mega-cargado golpeó a Max con furia cegadora. Cuando se despertó, Max descubrió una nueva energía y se dispuso a aprender todo lo posible sobre la ciencia. Viajó por el planeta y obtuvo grados universitarios en cada aspecto del campo científico. Al volver, estaba listo para compartir su conocimiento y nueva identidad con el mundo. Se había transformado en Max Axiom, supercientífico.

Glosario

la atmósfera—la mezcla de gases que rodea a la Tierra

la capa de ozono—la delgada capa de ozono que está muy alto sobre la superficie de la Tierra que bloquea algunos de los rayos solares dañinos

el clima—el tiempo usual que ocurre en un lugar

los combustibles fósiles—los combustibles naturales formados de los restos de plantas y animales; el carbón, petróleo y el gas natural son combustibles fósiles.

el dióxido de carbono—gas incoloro e inodoro que exhalan las personas y animales; las plantas absorben dióxido de carbono porque lo necesitan para vivir.

la fotosíntesis—el proceso por el cual las células de las plantas usan la energía del Sol para combinar dióxido de carbono, agua y minerales para el crecimiento de la planta; la fotosíntesis libera oxígeno a la atmósfera.

el glaciar—un enorme cuerpo de hielo en movimiento encontrado en los valles de las montañas o en las regiones polares

el hábitat—el lugar y las condiciones naturales en que vive una planta o animal

el promedio—una cantidad común de algo; una cantidad promedio se encuentra sumando cantidades y dividiéndolas entre el número de cantidades.

radiar—emitir energía

la sequía—un largo período con poca o nada de lluvia

SITIOS DE INTERNET

FactHound brinda una forma segura y divertida de encontrar sitios de Internet relacionados con este libro. Todos los sitios en FactHound han sido investigados por nuestro personal.

Esto es todo lo que tienes que hacer:

Visita *www.facthound.com*

Ingresa este código: 9781429692359

ÍNDICE